国家级教学成果奖

中国人民大学会计系列教材

《基础会计（原初级会计学）（第12版·立体化数字教材版）》模拟实训

秦玉熙　袁蓉丽　编著

中国人民大学出版社
·北京·

前　言

当DeepSeek轰隆隆扑面而来，会计账务处理程序开始被AI高效替代的时候，进行手动会计账务处理程序模拟实训还有什么意义？作者带着这样的疑问向DeepSeek发起询问，得到的回答如下：

在人工智能逐步取代传统会计账务处理程序的背景下，学生进行手动模拟会计训练（如填制凭证、登记账簿、编制报表）仍然具有重要的教育意义，并能培养多项关键技能。以下是具体的分析：

一、夯实基础理论与逻辑思维

理解会计原理：手动操作能让学生直观掌握会计循环（从凭证到报表的完整流程）、复式记账法（借贷平衡逻辑）、权责发生制等核心概念。这些原理是会计学科的根基，AI工具的底层逻辑也是基于此设计的。

培养逻辑推理能力：通过手工处理交易，学生需要分析每笔业务对会计要素的影响（如资产、负债、权益的变动），从而建立“业务→凭证→账簿→报表”的逻辑链条。这种结构化思维是AI无法替代的。

二、强化风险意识与严谨性

错误发现与修正：手工操作中，试算不平衡、账实不符等问题会频繁出现。学生通过纠错过程，能深刻理解数据准确性的重要性，并培养对细节的敏感性。

风险控制思维：例如，手动核对银行对账单时，学生需思考“如何发现舞弊或系统漏洞”，这种风险意识在AI时代尤为重要（如防范自动化工具的算法偏差或数据输入错误）。

三、提升业务理解与业财融合能力

业务实质判断：手动填制凭证时，学生需根据业务性质选择正确的会计科目（如“销售费用”与“管理费用”的区分），这要求深入理解企业经营活动，而非依赖软件自动分类。

业财数据关联：例如，编制现金流量表需从利润表和资产负债表中提取数据并调整，这一过程能帮助学生建立“财务数据反映业务实质”的认知，为未来参与管理会计或战略分析奠定基础。

四、培养技术工具的批判性使用能力

理解自动化逻辑：只有亲自完成手工流程，学生才能理解 AI 工具（如 ERP 系统）如何将原始数据转化为报表，从而更高效地设置参数、验证结果。

避免“黑箱依赖”：例如，当 AI 自动生成折旧费用时，学生若熟悉手工计算方法，能快速判断结果是否合理（如残值率或折旧年限设置错误）。

五、增强职业道德与责任意识

数据真实性感知：手工处理需对每一笔分录负责，这种“签字确认”的仪式感能强化职业道德观念（如杜绝虚构交易或篡改数据）。

合规性训练：例如，手工编制报表时需严格遵循会计准则（如收入确认时点），这种合规意识在使用 AI 时同样关键（需监督算法是否符合准则）。

六、适应未来职业发展的综合能力

管理决策支持：通过手工编制报表，学生能理解财务数据如何支撑管理决策（如利润表反映盈利能力，资产负债表揭示偿债风险）。这种能力在 AI 时代更显重要——财务人员需从数据中提炼洞察，而非仅完成核算。

跨领域协作：手工流程涉及多环节协作（如会计、出纳、审计），学生能体会部门间数据流转的逻辑，为未来参与业财一体化项目积累经验。

结论：手动训练的价值在于“不可替代性”。尽管 AI 能高效处理标准化账务，但以下能力仍需通过手动训练培养：

1. 底层逻辑的掌握（如会计恒等式、勾稽关系）；

2. 复杂场景的判断（如特殊交易的会计处理）；

3. 人与技术的协同（如监督 AI 输出、解释数据意义）。

因此，手动模拟会计训练并非“过时”，而是从“技能培训”转向“思维培养”，为学生适应智能化时代的财务工作提供不可替代的认知基础。

本套模拟实训分为填写和审核原始凭证，编制和审核专业记账凭证（收付转记账凭证），登记日记账、总账和明细账，编制试算平衡表和编制财务会计报表五个环节。

建议采用分组形式完成，小组成员 5～6 人为宜。他们各分饰一个角色，如原始凭证填制人员、记账凭证填制人员、总账登记人员、明细账登记人员、审核人员和报表编制人员等。也可将所有业务分成两份或三份（视组员多少），两人一小组，完成份内原始凭证、记账凭证、总账和明细账的填制，并交叉审核，最后由会计主管（组长）完成试算平衡及报表编制，让每个组员都得到充分锻炼。

模拟实训使用说明

模拟实训使用说明（PPT）见二维码。

本书通过仿真业务场景和分工协作，帮助学生从多维度提升

专业技能和综合素养。以下是学生能够获得的具体能力提升：

一、专业技能深化

（一）角色分工下的专项技能强化

1. 记账人员

（1）原始凭证处理能力。学会识别、分类原始凭证（如发票、收据、合同），判断其真实性、完整性，理解原始凭证与业务实质的关联。

（2）精准填制凭证。掌握借贷方向、科目选择（如“应收账款”与“预付账款”的区别）、金额计算的准确性，培养对会计准则的应用能力。

2. 账簿登记人员

（1）数据衔接能力。将记账凭证信息准确过入总账、明细账，理解账簿间的勾稽关系（如总账控制明细账）。

（2）连续性操作意识。掌握账簿登记规则（如划线更正法），避免漏登、错登。

3. 报表编制人员

（1）数据整合与分析能力。从分散的账簿数据中提取关键信息，编制资产负债表、利润表，理解报表间的逻辑（如利润表的净利润如何影响所有者权益）。

（2）合规性判断。确保报表格式、科目列报符合会计准则要求（如流动资产与非流动资产的划分）。

4. 审核人员

（1）风险识别能力。发现凭证填制错误（如借贷不平）、账簿登记遗漏，培养对异常数据的敏感性。

（2）内部控制思维。通过审核流程理解职责分离（如制单与审核不可由同一人完成）的重要性，强化合规意识。

（二）全流程贯通能力

1. 会计循环的完整认知

从原始凭证→记账凭证→账簿→报表的全流程操作，理解各环节的数据传递逻辑，避免“碎片化”学习。

2. 勾稽关系验证能力

例如，通过试算平衡表检验总账准确性，通过报表间数据核对（如现金流量表与资产负债表现金项目）验证整体一致性。

二、职业软技能提升

（一）团队协作与沟通能力

1. 分工协同

明确组内成员职责边界（如制单与审核分离），学习如何高效交接工作（如凭证

传递、数据核对）。

2. 解决冲突

面对账务分歧（如科目使用争议），通过讨论、查阅准则达成共识，培养“以规则为依据”的职业习惯。

3. 跨角色视角

通过轮换角色（如从记账转为审核），理解不同岗位的关注点，增强业财协同意识。

（二）解决问题与抗压的能力

1. 纠错与复盘

当试算不平衡或报表数据异常时，团队需回溯检查凭证、账簿，培养系统性排查问题的逻辑。

2. 时间管理

在模拟实训周期内完成全流程操作，学会优先级排序（如先处理核心业务再调整细节）。

（三）职业素养内化

1. 责任意识

角色扮演赋予“岗位身份”（如审核人员需签字确认），强化对工作结果负责的态度。

2. 合规敏感度

例如，审核时需判断“业务招待费”是否超限额、发票是否合规，将法规条款转化为实操中的具体行动。

三、业财融合与战略思维

1. 业务场景化理解

（1）从单据到业务实质。例如，通过“采购合同—入库单—付款单”链条，理解采购流程的资金流、物流信息如何转化为会计数据。

（2）业财数据联动。编制报表时分析“应收账款周转率”“毛利率”等指标，初步建立“财务数据驱动业务决策”的思维。

2. 风险管控意识

（1）内部控制实践。通过角色分工（如出纳不记账、审核不制单），理解岗位制衡对防范舞弊的作用。

（2）数据异常预警。例如，审核时发现“管理费用”骤增，需追溯是否包含应资本化的支出，是否有营私舞弊等情况。

四、技术工具批判性应用能力

1. 人机协作思维

（1）理解自动化逻辑。手工操作后，学生能更清晰地认知财务软件如何实现“凭证自动生成”“报表一键生成”，从而合理设置系统参数。

（2）数据溯源能力。当系统报错时，能快速定位问题环节（如原始凭证录入错误导致账簿异常）。

2. 避免过度依赖技术

例如，系统自动计提折旧后，学生能手工验证计算结果，避免盲目信任输出结果，对数据合理性做出判断。

场景：某组在编制利润表时发现净利润与资产负债表未分配利润变动不符。

（1）团队协作：分工检查凭证（是否漏记所得税费用）、账簿（未分配利润结转是否正确）。

（2）有效沟通：在团队项目中，一个良好的沟通氛围可以促进各组员各自发挥自身所长，实现协作共赢，并提高项目完成质量。

（3）逻辑推理：追溯“利润分配——未分配利润”科目借贷方记录。

（4）准则应用：确认是否按权责发生制计提费用。

（5）技术验证：若使用财务软件，对比手工计算结果与系统数据，找出差异原因。

综上所述，分组角色扮演的会计模拟实训，能实现从“单一技能”到“复合能力”的跨越，帮助学生提升自身能力。

纵向上，扎实掌握会计全流程操作，理解数据内在逻辑。每一笔业务发生后，都要根据其原始凭证，一一编制记账凭证，登入总账、日记账、明细账（三栏式、多栏式）等可能连通起来的账户，最后通过试算平衡，编制财务会计报表。

横向上，培养沟通、风险控制、协作等软技能，适应未来财务工作中“人机协同”“业财融合”的复杂需求。

这种训练模式不仅能提升专业技能，更塑造了学生在智能化时代不可替代的职业判断力与综合问题的解决能力。

目　录

模拟实训资料

目标：通过模拟实训将适用于课堂教学的会计分录和丁字账户，融入实务中的记账凭证和会计账簿，完成从原始凭证到记账凭证，从记账凭证到会计账簿，从会计账簿到试算平衡表，从试算平衡表到财务会计报表编制的业务流程，并完成总分类账与明细分类账的平行登记，从而实现从理论到实际操作的转换。

模拟公司名称：小明机器人有限责任公司

法人代表：小明

账户信息：

（1）税号：91110108×52628207×

（2）开户银行：中国工商银行北京某支行

（3）银行账户：0200007609××4601392

（4）地址：北京市中关村大街××号

（5）电话：010-6251××00

公司基本情况：

（1）税收信息：公司是一般纳税人，开增值税专用发票，增值税适用税率为13%，所得税享受高科技企业优惠税率15%。

（2）公司主要产品：小明机器人1号和小明机器人2号。

（3）主要供应商：加加电子芯片有限责任公司和晶晶电池有限责任公司。

（4）主要销售商：永乐商城有限责任公司。

（5）公司付款方式：支票＋网上银行。

（6）公司收款方式：各类票据＋网上银行。

（7）会计记账基础：权责发生制。

（8）折旧政策：固定资产折旧按直线法，每月15日之前购入的，当月按整月计提折旧。

资料：

1. 小明机器人有限责任公司2024年11月30日总账科目余额及部分明细账科目余额如表1至表3所示。

表1　账户科目余额表

2024年11月30日　　　　金额单位：元

会计科目	借方余额	贷方余额
库存现金	30 000	
银行存款	1 600 000	
应收账款	0	

续表

会计科目	借方余额	贷方余额
原材料	200 000	
库存商品	0	
生产成本	0	
其他应收款	0	
固定资产	900 000	
累计折旧		172 500
短期借款		0
应付账款		0
应交税费		0
应付职工薪酬		0
应付利息		0
实收资本		2 000 000
盈余公积——法定盈余公积		100 000
盈余公积——任意盈余公积		100 000
利润分配——未分配利润		357 500
合计	2 730 000	2 730 000

表 2　原材料——主机模块　　金额单位：元

2024 年		凭证号	摘要	增加			减少			余额		
月	日			数量	单价	金额	数量	单价	金额	数量	单价	金额
11	30		期末余额							300	500	150 000

表 3　原材料——锂电池　　金额单位：元

2024 年		凭证号	摘要	增加			减少			余额		
月	日			数量	单价	金额	数量	单价	金额	数量	单价	金额
11	30		期末余额							125	400	50 000

2. 小明机器人有限责任公司 2024 年 12 月发生了下列经济业务：

（1）12 月 1 日，向工商银行借入期限 1 年，利率为 6%，金额为 2 000 000 元的借款。借款已到账。

（2）12 月 3 日，向高科设备有限责任公司购入一套模具，增值税专用发票上的价款为 600 000 元，税额为 78 000 元，价税合计 678 000 元。货款已通过网上银行支付。

（3）12 月 5 日，向加加电子芯片有限责任公司购入主机模块 2 000 套（500 元/套），增值税专用发票上的价款为 1 000 000 元，税额为 130 000 元，价税合计 1 130 000 元。公司通过网银已将货款支付给加加电子芯片有限责任公司，主机模块已验收入库。

（4）12 月 6 日，向晶晶电池有限责任公司购入锂电池 2 000 块（400 元/块），增值税专用发票上的价款为 800 000 元，税额为 104 000 元，价税合计904 000 元。电池已验收入库，货款未付。

（5）12 月 10 日，公司通过网上银行向晶晶电池有限责任公司支付前欠货款 904 000 元。

（6）12 月 11 日，生产小明机器人 1 号领用主机模块 1 000 套，锂电池 1 000 块；生产小明机器人 2 号领用主机模块 800 套，锂电池 800 块。

（7）12 月 15 日，通过网上银行向北京电力有限责任公司支付电费 33 900 元（其中增值税 3 900 元，税率 13%）。管理部门承担 1 000 元，车间承担 29 000 元。

（8）12 月 18 日，公司副总张明出差，向财务部门借现金 5 000 元。

（9）12 月 31 日，计入当月职工薪酬总额为 380 000 元，其中生产 1 号机器人的生产工人工资 180 000 元，生产 2 号机器人的生产工人工资 100 000 元，车间管理人员工资 30 000 元，管理部门人员工资 70 000 元。

（10）12 月 31 日，计提本月折旧 13 000 元（期初生产线原价 900 000 元，使用年限 10 年，残值为零；新购模具原价 600 000 元，使用年限 9 年，残值为6 000 元，均采用直线法计提折旧）。

（11）12 月 31 日，归集制造费用，将制造费用按产品数量分配给小明机器人 1 号（1 000 件）和小明机器人 2 号（800 件）。

（12）12 月 31 日，小明机器人 1 号 1 000 件和小明机器人 2 号 800 件全部完工，检验合格，已验收入库，结转完工产品成本。

（13）12 月 31 日，通过网上银行向远播广告有限责任公司支付广告费318 000 元（其中增值税 18 000 元，税率 6%）。

（14）12 月 31 日，向永乐商场销售小明机器人 1 号 900 件（2 000 元/件），小明机器人 2 号 700 件（1 800 元/件），增值税税率为 13%。收到永乐商场签发的转账支票一张，货款已收到。

（15）12 月 31 日，结转已售产品成本，1 号机器人 1 008 000 元（900 件×1 120 元/件），2 号机器人 745 500 元（700 件×1 065 元/件）。

（16）12 月 31 日，出差人员张明回财务报销差旅费，带回往返机票，合计 2 460 元，上海住宿费发票一张 1 590 元（2 天，750 元/天，增值税 90 元，税率 6%），财务在报销时按规定给予交通补助 240 元（80 元×3 天），餐费补助 300 元（100 元×3 天），差旅费合计 4 500 元，退回现金 410 元。

（17）12 月 31 日，开出转账支票一张，金额为 380 000 元，委托银行将工资打入每位员工的工资卡。

（18）12 月 31 日，计算本月应负担的借款利息。

（19）12 月 31 日，计算应缴纳的所得税，所得税税率为 15%。

（20）12 月 31 日，通过网上银行缴纳增值税 63 810 元（397 800－333 990）。

（21）12 月 31 日，将所有收入、成本和费用转入“本年利润”账户，并将本年利润余额转入“利润分配——未分配利润”账户。

（22）按当期净利润的 10%提取法定盈余公积，10%提取任意盈余公积。

（23）将所有利润分配明细账除未分配利润外，全部清零。

要求：

（1）根据公司 12 月发生的经济业务依次填写和审核原始凭证，编制记账凭证并连续编号。

（2）根据总账科目（见表 1）开设总分类账和明细分类账，将余额过入各总账和明细账。同时根据记账凭证登记总账和明细账，计算出本期发生额和期末余额并单独登记现金日记账和银行存款日记账。

（3）编制试算平衡表。

（4）编制资产负债表和利润表。

参考答案（为简化核算，假设模具不需安装，直接记入“固定资产”账户；购买材料直接记入“原材料”账户）：

1. 编制会计分录。

	借方	贷方
（1）借：银行存款	2 000 000	
贷：短期借款		2 000 000
（2）借：固定资产	600 000	
应交税费——应交增值税（进项税额）	78 000	
贷：银行存款		678 000
（3）借：原材料——主机模块	1 000 000	
应交税费——应交增值税（进项税额）	130 000	
贷：银行存款		1 130 000
（4）借：原材料——锂电池	800 000	
应交税费——应交增值税（进项税额）	104 000	
贷：应付账款——晶晶电池公司		904 000
（5）借：应付账款——晶晶电池公司	904 000	
贷：银行存款		904 000
（6）借：生产成本——1 号机器人（1 000×500＋1 000×400）	900 000	
——2 号机器人（800×500＋800×400）	720 000	
贷：原材料——主机模块（1 800×500）		900 000
——锂电池（1 800×400）		720 000
（7）借：管理费用	1 000	
制造费用	29 000	
应交税费——应交增值税（进项税额）	3 900	
贷：银行存款		33 900
（8）借：其他应收款——张明	5 000	
贷：库存现金		5 000
（9）借：生产成本——1 号机器人	180 000	
——2 号机器人	100 000	
制造费用	30 000	
管理费用	70 000	
贷：应付职工薪酬		380 000

(10) 借：制造费用	13 000	
贷：累计折旧		13 000
(11) 借：生产成本——1 号机器人	40 000	
——2 号机器人	32 000	
贷：制造费用（29 000＋30 000＋13 000）		72 000
(12) 借：库存商品——1 号机器人	1 120 000	
——2 号机器人	852 000	
贷：生产成本——1 号机器人		1 120 000
——2 号机器人		852 000
(13) 借：销售费用	300 000	
应交税费——应交增值税（进项税额）	18 000	
贷：银行存款		318 000
(14) 借：银行存款	3 457 800	
贷：主营业务收入——1 号机器人		1 800 000
——2 号机器人		1 260 000
应交税费——应交增值税（销项税额）		397 800
(15) 借：主营业务成本——1 号机器人	1 008 000	
——2 号机器人	745 500	
贷：库存商品——1 号机器人		1 008 000
——2 号机器人		745 500
(16) 借：管理费用	4 500	
库存现金	410	
应交税费——应交增值税（进项税额）	90	
贷：其他应收款 ——张明		5 000
(17) 借：应付职工薪酬	380 000	
贷：银行存款		380 000
(18) 借：财务费用	10 000	
贷：应付利息		10 000
(19) 借：所得税费用［(3 060 000－2 139 000)×15％］	138 150	
贷：应交税费——应交所得税		138 150
(20) 借：应交税费——应交增值税（已交税费）	63 810	
贷：银行存款		63 810
(21) ①借：主营业务收入——1 号机器人	1 800 000	
——2 号机器人	1 260 000	
贷：本年利润		3 060 000
②借：本年利润	2 277 150	
贷：主营业务成本——1 号机器人		1 008 000
——2 号机器人		745 500

销售费用　　300 000

管理费用　　75 500

财务费用　　10 000

所得税费用　　138 150

③借：本年利润　　782 850

贷：利润分配——未分配利润　　782 850

（22）借：利润分配——提取法定盈余公积　　78 285

——提取任意盈余公积　　78 285

贷：盈余公积——法定盈余公积　　78 285

——任意盈余公积　　78 285

（23）借：利润分配——未分配利润　　156 570

贷：利润分配——提取法定盈余公积　　78 285

——提取任意盈余公积　　78 285

2. 登记丁字账簿。

库存现金

期初余额	30 000		
(16)	410	(8)	5 000
本期发生额	410	本期发生额	5 000
期末余额	25 410		

短期借款

		期初余额	0
		(1)	2 000 000
本期发生额	0	本期发生额	2 000 000
		期末余额	2 000 000

银行存款

期初余额	1 600 000		
(1)	2 000 000	(2)	678 000
(14)	3 457 800	(3)	1 130 000
		(5)	904 000
		(7)	33 900
		(13)	318 000
		(17)	380 000
		(20)	63 810
本期发生额	5 457 800	本期发生额	3 507 710
期末余额	3 550 090		

固定资产

期初余额	900 000		
(2)	600 000		
本期发生额	600 000	本期发生额	0
期末余额	1 500 000		

累计折旧

		期初余额	172 500
		(10)	13 000
本期发生额	0	本期发生额	13 000
		期末余额	185 500

应付账款

		期初余额	0
(5)	904 000	(4)	904 000
本期发生额	904 000	本期发生额	904 000

其他应收账款

期初余额	0		
(8)	5 000	(16)	5 000
本期发生额	5 000	本期发生额	5 000

应付职工薪酬

		期初余额	0
(17)	380 000	(9)	380 000
本期发生额	380 000	本期发生额	380 000

应付利息

		期初余额	0
		(18)	10 000
本期发生额	0	本期发生额	10 000
		期末余额	10 000

制造费用

(7)	29 000	(11)	72 000
(9)	30 000		
(10)	13 000		
本期发生额	72 000	本期发生额	72 000

管理费用

(7)	1 000	(21)	75 500
(9)	70 000		
(16)	4 500		
本期发生额	75 500	本期发生额	75 500

销售费用

(13)	300 000	(21)	300 000
本期发生额	300 000	本期发生额	300 000

财务费用

(18)	10 000	(21)	10 000
本期发生额	10 000	本期发生额	10 000

所得税费用

(19)	138 150	(21)	138 150
本期发生额	138 150	本期发生额	138 150

本年利润

(21)	2 277 150	(21)	3 060 000
(21)	782 850		
本期发生额	3 060 000	本期发生额	3 060 000

实收资本

		期初余额	2 000 000
本期发生额	0	本期发生额	0
		期末余额	2 000 000

3. 总账与明细分类账的平行登记。

原材料

期初余额	200 000		
(3)	1 000 000	(6)	1 620 000
(4)	800 000		
本期发生额	1 800 000	本期发生额	1 620 000
期末余额	380 000		

原材料——主机模块

期初余额	150 000		
(3)	1 000 000	(6)	900 000
本期发生额	1 000 000	本期发生额	900 000
期末余额	250 000		

原材料——锂电池

期初余额	50 000		
(4)	800 000	(6)	720 000
本期发生额	800 000	本期发生额	720 000
期末余额	130 000		

生产成本

(6)	1 620 000	(12)	1 972 000
(9)	280 000		
(11)	72 000		
本期发生额	1 972 000	本期发生额	1 972 000

生产成本——1号机器人

(6)	900 000	(12)	1 120 000
(9)	180 000		
(11)	40 000		
本期发生额	1 120 000	本期发生额	1 120 000

生产成本——2号机器人

(6)	720 000	(12)	852 000
(9)	100 000		
(11)	32 000		
本期发生额	852 000	本期发生额	852 000

库存商品

期初余额	0		
(12)	1 972 000	(15)	1 753 500
本期发生额	1 972 000	本期发生额	1 753 500
期末余额	218 500		

库存商品——1号机器人

期初余额	0		
(12)	1 120 000	(15)	1 008 000
本期发生额	1 120 000	本期发生额	1 008 000
期末余额	112 000		

库存商品——2号机器人

期初余额	0		
(12)	852 000	(15)	745 500
本期发生额	852 000	本期发生额	745 500
期末余额	106 500		

主营业务收入

(21)	3 060 000	(14)	3 060 000
本期发生额	3 060 000	本期发生额	3 060 000

主营业务收入——1号机器人

(21)	1 800 000	(14)	1 800 000
本期发生额	1 800 000	本期发生额	1 800 000

主营业务收入——2号机器人

(21)	1 260 000	(14)	1 260 000
本期发生额	1 260 000	本期发生额	1 260 000

主营业务成本

(15)	1 753 500	(21)	1 753 500
本期发生额	1 753 500	本期发生额	1 753 500

主营业务成本——1号机器人

(15)	1 008 000	(21)	1 008 000
本期发生额	1 008 000	本期发生额	1 008 000

主营业务成本——2号机器人

(15)	745 500	(21)	745 500
本期发生额	745 500	本期发生额	745 500

应交税费

(2)	78 000	(14)	397 800
(3)	130 000	(19)	138 150
(4)	104 000		
(7)	3 900		
(13)	18 000		
(16)	90		
(20)	63 810		
本期发生额	397 800	本期发生额	535 950
		期末余额	138 150

应交税费——应交增值税（进项税额）

(2)	78 000		
(3)	130 000		
(4)	104 000		
(7)	3 900		
(13)	18 000		
(16)	90		
本期发生额	333 990	本期发生额	0
期末余额	333 990		

应交税费——应交增值税（销项税额）

		(14)	397 800
本期发生额	0	本期发生额	397 800
		期末余额	397 800

应交税费——应交增值税（已交税费）

(20)	63 810		
本期发生额	63 810	本期发生额	0
期末余额	63 810		

应交税费——应交所得税

		(19)	138 150
本期发生额	0	本期发生额	138 150

利润分配

		期初余额	357 500
(22)	156 570	(21)	782 850
(23)	156 570	(23)	156 570
本期发生额	313 140	本期发生额	939 420
		期末余额	983 780

利润分配——未分配利润

		期初余额	357 500
(23)	156 570	(21)	782 850
本期发生额	156 570	本期发生额	782 850
		期末余额	983 780

利润分配——法定盈余公积

(22)	78 285	(23)	78 285
本期发生额	78 285	本期发生额	78 285

利润分配——任意盈余公积

(22)	78 285	(23)	78 285
本期发生额	78 285	本期发生额	78 285

盈余公积

		期初余额	200 000
		(22)	156 570
本期发生额	0	本期发生额	156 570
		期末余额	356 570

盈余公积——法定盈余公积

		期初余额	100 000
		(22)	78 285
本期发生额	0	本期发生额	78 285
		期末余额	178 285

盈余公积——任意盈余公积

		期初余额	100 000
		(22)	78 285
本期发生额	0	本期发生额	78 285
		期末余额	178 285

4. 编制试算平衡表。

试算平衡表

2024 年 12 月 31 日　　　　　　　　　　　　　　　金额单位：元

会计科目	期初余额		本期发生额		期末余额	
	借方	贷方	借方	贷方	借方	贷方
库存现金	30 000		410	5 000	25 410	
银行存款	1 600 000		5 457 800	3 507 710	3 550 090	
其他应收款			5 000	5 000		
原材料	200 000		1 800 000	1 620 000	380 000	
生产成本			1 972 000	1 972 000		
制造费用			72 000	72 000		
库存商品			1 972 000	1 753 500	218 500	
固定资产	900 000		600 000		1 500 000	
累计折旧		172 500		13 000		185 500
短期借款				2 000 000		2 000 000
应付账款			904 000	904 000		
应交税费			397 800	535 950		138 150
应付职工薪酬			380 000	380 000		
应付利息				10 000		10 000
实收资本		2 000 000				2 000 000
盈余公积		200 000		156 570		356 570
利润分配		357 500	313 140	939 420		983 780
主营业务收入			3 060 000	3 060 000		
主营业务成本			1 753 500	1 753 500		
本年利润			3 060 000	3 060 000		
销售费用			300 000	300 000		
管理费用			75 500	75 500		
财务费用			10 000	10 000		
所得税费用			138 150	138 150		
合计	2 730 000	2 730 000	22 271 300	22 271 300	5 674 000	5 674 000

5. 编制财务会计报表（省略没有数据的报表项目）。

利润表

2024年12月

编制单位：小明机器人有限责任公司　　　　金额单位：元

项目	行次	本期发生额	上期发生额
一、营业收入		3 060 000	
减：营业成本		1 753 500	
销售费用		300 000	
管理费用		75 500	
财务费用		10 000	
二、营业利润		921 000	
三、利润总额		921 000	
减：所得税费用		138 150	
四、净利润		782 850	

企业负责人：小明之印　　主管会计工作负责人：　　会计机构负责人：

资产负债表

2024年12月31日

编制单位：小明机器人有限责任公司　　　　金额单位：元

资产	期末余额	期初余额	负债和所有者权益	期末余额	期初余额
流动资产：			流动负债：		
货币资金	3 575 500		短期借款	2 000 000	
存货	598 500		其他应付款	10 000	
流动资产合计	4 174 000		应交税费	138 150	
非流动资产：			流动负债合计	2 148 150	
固定资产	1 314 500		负债合计	2 148 150	
非流动资产合计	1 314 500		所有者权益：		
			实收资本	2 000 000	
			盈余公积	356 570	
			未分配利润	983 780	
			所有者权益合计	3 340 350	
资产总计	5 488 500		负债和所有者权益总计	5 488 500	

企业负责人：小明之印　　主管会计工作负责人：　　会计机构负责人：

模拟实训 1 填制会计凭证

要求：

请根据资料填制相关原始凭证和记账凭证，记账凭证需连续编号。

第 1 笔业务：借款

1. 原始凭证

（1）借款合同（略）。

（2）工行借款凭证。

（3）网银回单（收款）。

①

中国工商银行借款凭证

No.76532912

年 月 日

借款人		贷款账号			存款账号											
贷款金额					亿	千	百	十	万	千	百	十	元	角	分	第一联
用途		期限	约定还款日期													
		年	贷款利率		借款合同号码											

上列贷款已转入借款人指定的账户。

中国工商银行北京某支行 业务专用章 (01)

复核： 记账：

回单

CH 098653

ICBC 中国工商银行

业务回单（收款） 凭证

年 月 日

回单编号：

付款人户名：

付款人账号（卡号）：

付款人开户银行：

收款人户名：

收款人账号（卡号）：

收款人开户银行：

金额（大写）：

小写：

业务（产品）：

凭证种类：

凭证号码：

摘要：

用途：

币种：

渠道：

交易机构：

记账柜员：

交易代码：

批次号：

提交人：

授权人：

中国工商银行北京某支行
自助回单机专用章
（0008）

本回单为第1次打印，注意重复

打印日期： 年 月 日

打印柜员：

验证码：

2. 记账凭证

收款凭证

借方科目：银行存款　　　　年　月　日　　　　银收字第　号

<table>
<tr><td rowspan="3">摘　要</td><td colspan="2">贷方科目</td><td colspan="11">金　　额</td><td rowspan="2">记账</td></tr>
<tr><td rowspan="2">总账科目</td><td rowspan="2">明细科目</td><td colspan="11"></td></tr>
<tr><td>亿</td><td>千</td><td>百</td><td>十</td><td>万</td><td>千</td><td>百</td><td>十</td><td>元</td><td>角</td><td>分</td><td>√</td></tr>
<tr><td></td><td></td><td></td><td></td><td></td><td></td><td></td><td></td><td></td><td></td><td></td><td></td><td></td><td></td><td></td></tr>
<tr><td></td><td></td><td></td><td></td><td></td><td></td><td></td><td></td><td></td><td></td><td></td><td></td><td></td><td></td><td></td></tr>
<tr><td></td><td></td><td></td><td></td><td></td><td></td><td></td><td></td><td></td><td></td><td></td><td></td><td></td><td></td><td></td></tr>
<tr><td></td><td></td><td></td><td></td><td></td><td></td><td></td><td></td><td></td><td></td><td></td><td></td><td></td><td></td><td></td></tr>
<tr><td colspan="3">合　计</td><td></td><td></td><td></td><td></td><td></td><td></td><td></td><td></td><td></td><td></td><td></td><td></td></tr>
</table>

财务主管：　　记账：　　出纳：　　审核：　　制单：　　附件　张

第 2 笔业务：采购设备

1. 原始凭证

（1）设备采购合同（略）。

（2）增值税专用发票联（填写发票联时，可与第二联抵扣联用复写纸套写）。

（3）网银回单（付款）。

（4）设备验收单。

北京增值税专用发票　　NO

全国统一发票监制章 北京 国家税务总局监制

发票联

开票日期：

购买方	名称： 纳税人识别号： 地址、电话： 开户行及账号：			密码区				
货物或应税劳务、服务名称		规格型号	单位	数量	单价	金额	税率	税额
价税合计（大写）						（小写）¥		
销售方	名称： 纳税人识别号： 地址、电话： 开户行及账号：			备注	校验码			

收款人：　　复核：　　开票人：　　销售方：（章）

高科设备有限责任公司 12345678902215AP02 发票专用章

第三联：发票联：购买方记账凭证

ICBC 中国工商银行　　凭证

业务回单（付款）

年　月　日　　回单编号：

付款人户名：
付款人账号（卡号）：　　付款人开户银行：

收款人户名：
收款人账号（卡号）：　　收款人开户银行：

金额（大写）：　　小写：

业务（产品）：　　凭证种类：　　凭证号码：

摘要：　　用途：　　币种：

交易机构：　　记账柜员：　　交易代码：　　渠道：

批次号：　　提交人：　　授权人：

中国工商银行北京某支行 自助回单机专用章 （0008）

本回单为第1次打印，注意重复　　打印日期：　　年　月　日　　打印柜员：　　验证码：

设备验收单

供货单位：　　　　　　　　　　年　　月　　日　　　　　　　　使用部门：

设备名称	设备编号	规格/型号	单位	数量	备注

验收单位：　　　　　　　　验收人员：　　　　　　　　使用单位：
（签章）　　　　　　　　　（签章）　　　　　　　　　（签章）

2. 记账凭证

付款凭证

借方科目：银行存款　　　　　　　年　　月　　日　　　　　　　　银收字第　号

摘　要	借方科目		金　　额											记账
	总账科目	明细科目	亿	千	百	十	万	千	百	十	元	角	分	√
合　计														

财务主管：　　　记账：　　　出纳：　　　审核：　　　制单：　　　附件　　张

第3笔业务：采购原材料

1. 原始凭证

（1）原材料采购合同（略）。

（2）增值税专用发票联。

（3）网银回单（付款）。

（4）原材料入库单。

北京增值税专用发票　　　　NO

北京

发票联

（全国统一发票监制章 国家税务总局监制）

开票日期：

购买方	名称： 纳税人识别号： 地址、电话： 开户行及账号：			密码区				
货物或应税劳务、服务名称	规格型号	单位	数量	单价	金额	税率	税额	
价税合计（大写）					（小写）¥			
销售方	名称： 纳税人识别号： 地址、电话： 开户行及账号：			备注	校验码			

收款人：　　复核：　　开票人：　　销售方：（章）

第三联：发票联：购买方记账凭证

（加加电子芯片有限责任公司 5325D1467701215V03 发票专用章）

ICBC 中国工商银行　　　　凭证

业务回单（付款）

年　月　日　　　　回单编号：

付款人户名：

付款人账号（卡号）：　　　　付款人开户银行：

收款人户名：

收款人账号（卡号）：　　　　收款人开户银行：

金额（大写）：　　　　小写：

业务（产品）：　　凭证种类：　　凭证号码：

摘要：　　用途：　　币种：

渠道：

交易机构：　　记账柜员：　　交易代码：

批次号：　　提交人：　　授权人：

（中国工商银行北京某支行 自助回单机专用章 （0008））

本回单为第1次打印，注意重复　　打印日期：　年　月　日　　打印柜员：　　验证码：

原材料入库单

供货单位：　　　　　　　　　　　　　　　　　　　　　　　　　　仓库编号：

发票尾号：　　　　　　　　　　年　　月　　日　　　　　　　　　收货单位：

编号	材料名称及规格	单位	数量	单价	金额	备注
合计						

验收单位：　　　　　　复核：　　　　　　记账：　　　　　　仓库保管：

2. 记账凭证

付款凭证

借方科目：银行存款　　　　　　年　　月　　日　　　　　　银收字第　号

摘　要	借方科目		金　　额											记账
	总账科目	明细科目	亿	千	百	十	万	千	百	十	元	角	分	√
合　计														

财务主管：　　　　记账：　　　　出纳：　　　　审核：　　　　制单：　　　　附件　　张

第 4 笔业务：采购原材料

1. 原始凭证

（1）原材料采购合同（略）。

（2）增值税专用发票联。

（3）原材料入库单。

北京增值税专用发票　　NO

全国统一发票监制章 北京 国家税务总局监制

发票联

开票日期：

购买方	名称： 纳税人识别号： 地址、电话： 开户行及账号：			密码区			
货物或应税劳务、服务名称	规格型号	单位	数量	单价	金额	税率	税额
价税合计（大写）						（小写）¥	
销售方	名称： 纳税人识别号： 地址、电话： 开户行及账号：			备注	校验码		

收款人：　　复核：　　开票人：　　销售方：（章）

第三联：发票联：购买方记账凭证

晶晶电池有限责任公司 2145677702215AK021 发票专用章

原材料入库单

供货单位：　　　　仓库编号：

发票尾号：　　年　月　日　　收货单位：

编号	材料名称及规格	单位	数量	单价	金额	备注
合计						

验收单位：　　复核：　　记账：　　仓库保管：

2. 记账凭证

转账凭证

年　月　日　　　　　　　　　　　　转字第　号

摘　要	会计科目		√	借方金额										√	贷方金额									
	总账科目	明细科目		千	百	十	万	千	百	十	元	角	分		千	百	十	万	千	百	十	元	角	分
合　计																								

财务主管：　　记账：　　审核：　　制单：　　附件　张

第5笔业务：支付前欠货款

1. 原始凭证

ICBC 中国工商银行

业务回单（付款）　凭证

年　月　日

回单编号：

付款人户名：

付款人账号（卡号）：　　付款人开户银行：

收款人户名：

收款人账号（卡号）：　　收款人开户银行：

金额（大写）：　　小写：

业务（产品）：　　凭证种类：　　凭证号码：

摘要：　　用途：　　币种：

交易机构：　　记账柜员：　　交易代码：　　渠道：

批次号：　　提交人：　　授权人：

中国工商银行北京某支行
自助回单机专用章
（0008）

本回单为第1次打印，注意重复　　打印日期：　年　月　日　　打印柜员：　　验证码：

2. 记账凭证

付款凭证

借方科目：银行存款　　　　年　月　日　　　　银收字第　号

摘　要	借方科目		金　额											记账
	总账科目	明细科目	亿	千	百	十	万	千	百	十	元	角	分	√
合　计														

财务主管：　　记账：　　出纳：　　审核：　　制单：　　附件　张

第6笔业务：领用原材料进行生产

1. 原始凭证

（1）领料单。

（2）发出材料汇总表（后附多张“领料单”）。

领料单

年　月　日　　　　仓库编号：

领用部门	编号	名称及规格	单位	数量	单价	金额	备注
合计							

生产部门负责人：　　　　仓库负责人：　　　　领料人员：

发出材料汇总表

年　月　日

领用部门	材料名称	用途	单位	数量	金额
合计					

会计主管：　　　　复核：　　　　制单：

2. 记账凭证

转账凭证

年　月　日　　　　转字第　号

<table>
<tr><td rowspan="2">摘　要</td><td colspan="2">会 计 科 目</td><td rowspan="2">√</td><td colspan="10">借方金额</td><td rowspan="2">√</td><td colspan="10">贷方金额</td></tr>
<tr><td>总账科目</td><td>明细科目</td><td>千</td><td>百</td><td>十</td><td>万</td><td>千</td><td>百</td><td>十</td><td>元</td><td>角</td><td>分</td><td>千</td><td>百</td><td>十</td><td>万</td><td>千</td><td>百</td><td>十</td><td>元</td><td>角</td><td>分</td></tr>
<tr><td></td><td></td><td></td><td></td><td></td><td></td><td></td><td></td><td></td><td></td><td></td><td></td><td></td><td></td><td></td><td></td><td></td><td></td><td></td><td></td><td></td><td></td><td></td><td></td><td></td></tr>
<tr><td></td><td></td><td></td><td></td><td></td><td></td><td></td><td></td><td></td><td></td><td></td><td></td><td></td><td></td><td></td><td></td><td></td><td></td><td></td><td></td><td></td><td></td><td></td><td></td><td></td></tr>
<tr><td></td><td></td><td></td><td></td><td></td><td></td><td></td><td></td><td></td><td></td><td></td><td></td><td></td><td></td><td></td><td></td><td></td><td></td><td></td><td></td><td></td><td></td><td></td><td></td><td></td></tr>
<tr><td></td><td></td><td></td><td></td><td></td><td></td><td></td><td></td><td></td><td></td><td></td><td></td><td></td><td></td><td></td><td></td><td></td><td></td><td></td><td></td><td></td><td></td><td></td><td></td><td></td></tr>
<tr><td>合　计</td><td colspan="2"></td><td></td><td></td><td></td><td></td><td></td><td></td><td></td><td></td><td></td><td></td><td></td><td></td><td></td><td></td><td></td><td></td><td></td><td></td><td></td><td></td><td></td><td></td></tr>
</table>

财务主管：　　　　记账：　　　　审核：　　　　制单：　　　　附件　张

第7笔业务：支付电费

1. 原始凭证

（1）增值税专用发票联。

（2）网银回单（付款）。

（3）电费分配单。

北京增值税专用发票

全国统一发票监制章 北京 国家税务总局监制

发票联 NO

开票日期：

购买方	名称： 纳税人识别号： 地址、电话： 开户行及账号：			密码区				
货物或应税劳务、服务名称		规格型号	单位	数量	单价	金额	税率	税额
价税合计（大写）						（小写）¥		
销售方	名称： 纳税人识别号： 地址、电话： 开户行及账号：			备注				

收款人：　复核：　开票人：　销售方：（章）

第三联：发票联：购买方记账凭证

电力有限责任公司 4325C34698701215V6 发票专用章

校验码

ICBC 中国工商银行　凭证

业务回单（付款）

年　月　日　回单编号：

付款人户名：

付款人账号（卡号）：　付款人开户银行：

收款人户名：

收款人账号（卡号）：　收款人开户银行：

金额（大写）：　小写：

业务（产品）：　凭证种类：　凭证号码：

摘要：　用途：　币种：

交易机构：　记账柜员：　交易代码：　渠道：

批次号：　提交人：　授权人：

中国工商银行北京某支行 自助回单机专用章 (0008)

本回单为第1次打印，注意重复　打印日期：　年　月　日　打印柜员：　验证码：

电费分配表

年　月　日　　　　金额单位：元

部门	金额
生产车间	
管理部门	
合计	

会计主管：　　　　复核：　　　　制单：

2. 记账凭证

付款凭证

借方科目：银行存款　　　　年　月　日　　　　银收字第　号

<table>
<tr><td rowspan="2">摘　要</td><td colspan="2">借方科目</td><td colspan="11">金　　额</td><td rowspan="2">记账√</td></tr>
<tr><td>总账科目</td><td>明细科目</td><td>亿</td><td>千</td><td>百</td><td>十</td><td>万</td><td>千</td><td>百</td><td>十</td><td>元</td><td>角</td><td>分</td></tr>
<tr><td></td><td></td><td></td><td></td><td></td><td></td><td></td><td></td><td></td><td></td><td></td><td></td><td></td><td></td><td></td></tr>
<tr><td></td><td></td><td></td><td></td><td></td><td></td><td></td><td></td><td></td><td></td><td></td><td></td><td></td><td></td><td></td></tr>
<tr><td></td><td></td><td></td><td></td><td></td><td></td><td></td><td></td><td></td><td></td><td></td><td></td><td></td><td></td><td></td></tr>
<tr><td></td><td></td><td></td><td></td><td></td><td></td><td></td><td></td><td></td><td></td><td></td><td></td><td></td><td></td><td></td></tr>
<tr><td colspan="3">合　计</td><td></td><td></td><td></td><td></td><td></td><td></td><td></td><td></td><td></td><td></td><td></td><td></td></tr>
</table>

财务主管：　　记账：　　出纳：　　审核：　　制单：　　附件　张

第8笔业务：出差借款

1. 原始凭证

借款单 No

年 月 日

借款单位：

今收到人民币

金额（大写） 万 千 佰 拾 元 角 分

小写 □ 现金 □ 支票 □ 支付宝 □ 微信 □ 其他

审核 会计 记账 出纳 经办人

第二联 交财务

现金付讫

小明机器人有限责任公司 财务专用章

2. 记账凭证

付款凭证

贷方科目：银行存款　　年 月 日　　现付字第 号

摘　要	借方科目		金　额											记账
	总账科目	明细科目	亿	千	百	十	万	千	百	十	元	角	分	✓
合　计														

财务主管：　记账：　出纳：　审核：　制单：　附件　张

第 9 笔业务：分配工资

1. 原始凭证

（1）员工花名册（略）。

（2）工资结算单。

工资结算单

年　　月　　日　　　　　　　　　　　　金额单位：元

部门/产品	金额
生产成本——	
生产成本——	
生产车间	
管理部门	
合计	

会计主管：　　　　　　复核：　　　　　　制单：

2. 记账凭证

转账凭证

年　　月　　日　　　　　　　　　　　　转字第　　号

摘　要	会计科目		√	借方金额										√	贷方金额									
	总账科目	明细科目		千	百	十	万	千	百	十	元	角	分		千	百	十	万	千	百	十	元	角	分
合　计																								

财务主管：　　　　记账：　　　　审核：　　　　制单：　　　　附件　　张

第 10 笔业务：计提折旧

1. 原始凭证

折旧计算表

年　　月　　日　　　　　　　　金额单位：元

使用部门	固定资产种类	固定资产原价	使用年限	残值	折旧方法	年折旧额	月折旧额
合计							

会计主管：　　　　　　　　复核：　　　　　　　　制单：

2. 记账凭证

转账凭证

年　　月　　日　　　　　　　　转字第　　号

<table>
<tr><td rowspan="2">摘　要</td><td colspan="2">会 计 科 目</td><td rowspan="2">√</td><td colspan="10">借方金额</td><td rowspan="2">√</td><td colspan="10">贷方金额</td></tr>
<tr><td>总账科目</td><td>明细科目</td><td>千</td><td>百</td><td>十</td><td>万</td><td>千</td><td>百</td><td>十</td><td>元</td><td>角</td><td>分</td><td>千</td><td>百</td><td>十</td><td>万</td><td>千</td><td>百</td><td>十</td><td>元</td><td>角</td><td>分</td></tr>
<tr><td></td><td></td><td></td><td></td><td></td><td></td><td></td><td></td><td></td><td></td><td></td><td></td><td></td><td></td><td></td><td></td><td></td><td></td><td></td><td></td><td></td><td></td><td></td><td></td><td></td></tr>
<tr><td></td><td></td><td></td><td></td><td></td><td></td><td></td><td></td><td></td><td></td><td></td><td></td><td></td><td></td><td></td><td></td><td></td><td></td><td></td><td></td><td></td><td></td><td></td><td></td><td></td></tr>
<tr><td></td><td></td><td></td><td></td><td></td><td></td><td></td><td></td><td></td><td></td><td></td><td></td><td></td><td></td><td></td><td></td><td></td><td></td><td></td><td></td><td></td><td></td><td></td><td></td><td></td></tr>
<tr><td></td><td></td><td></td><td></td><td></td><td></td><td></td><td></td><td></td><td></td><td></td><td></td><td></td><td></td><td></td><td></td><td></td><td></td><td></td><td></td><td></td><td></td><td></td><td></td><td></td></tr>
<tr><td>合　计</td><td colspan="2"></td><td></td><td></td><td></td><td></td><td></td><td></td><td></td><td></td><td></td><td></td><td></td><td></td><td></td><td></td><td></td><td></td><td></td><td></td><td></td><td></td><td></td><td></td></tr>
</table>

财务主管：　　　　记账：　　　　审核：　　　　制单：　　　　附件　　张

第 11 笔业务：归集并分配制造费用

1. 原始凭证

制造费用分配表

年 月 日 金额单位：元

产品名称	产量	制造费用	分配率	分配金额
小明机器人 1 号				
小明机器人 2 号				
合计				

会计主管： 复核： 制单：

2. 记账凭证

转账凭证

年 月 日 转字第 号

摘 要	会计科目		√	借方金额										√	贷方金额									
	总账科目	明细科目		千	百	十	万	千	百	十	元	角	分		千	百	十	万	千	百	十	元	角	分
合 计																								

财务主管： 记账： 审核： 制单： 附件 张

第 12 笔业务：产品完工

1. 原始凭证

（1）生产成本计算表。

（2）产成品入库单。

生产成本计算表

金额单位：元

产品名称	原材料	工资	制造费用	合计	产量	单位成本
合计						

会计主管：　　　　　　　　复核：　　　　　　　　制单：

产成品入库单

生产车间：　　　　　　　　年　月　日　　　　　　　　仓库编号：

编号	名称及规格	单位	数量	单价	金额	备注
合计						

检验人员：　　　　　复核：　　　　　记账：　　　　　仓库保管：

2. 记账凭证

转账凭证

年　月　日　　　　　　　　转字第　号

摘要	会计科目		√	借方金额										√	贷方金额									
	总账科目	明细科目		千	百	十	万	千	百	十	元	角	分		千	百	十	万	千	百	十	元	角	分
合计																								

财务主管：　　记账：　　审核：　　制单：　　附件　张

第13笔业务：支付广告费

1. 原始凭证

（1）广告合同（略）。

（2）增值税专用发票联。

（3）网银回单（付款）。

北京增值税专用发票

全国统一发票监制章 北京 国家税务总局监制

发票联　　　　NO

开票日期：

购买方	名称： 纳税人识别号： 地址、电话： 开户行及账号：			密码区			
货物或应税劳务、服务名称	规格型号	单位	数量	单价	金额	税率	税额
价税合计（大写）					（小写）		
销售方	名称： 纳税人识别号： 地址、电话： 开户行及账号：			备注			

收款人：　　复核：　　开票人：　　销售方：（章）

远播广告有限责任公司 74923578L25C346987 发票专用章

第三联：发票联：购买方记账凭证

ICBC 中国工商银行　　　　凭证

业务回单（付款）

年　月　日　　　　回单编号：

付款人户名：
付款人账号（卡号）：　　　　付款人开户银行：
收款人户名：
收款人账号（卡号）：　　　　收款人开户银行：
金额（大写）：　　　　小写：
业务（产品）：　　　　凭证种类：　　　　凭证号码：
摘要：　　　　用途：　　　　币种：
交易机构：　　　　记账柜员：　　　　交易代码：　　　　渠道：
批次号：　　　　提交人：　　　　授权人：

中国工商银行北京某支行
自助回单机专用章
（0008）

本回单为第1次打印，注意重复　　　　打印日期：　年　月　日　　　　打印柜员：　　　　验证码：

2. 记账凭证

付款凭证

借方科目：银行存款　　　　年　月　日　　　　银收字第　号

摘　要	借方科目		金　　额											记账
	总账科目	明细科目	亿	千	百	十	万	千	百	十	元	角	分	√
合　计														

财务主管：　　　　记账：　　　　出纳：　　　　审核：　　　　制单：　　　　附件　张

第 14 笔业务：销售产品

1. 原始凭证

（1）收款收据。
（2）转账支票存根。
（3）进账单。
（4）增值税专用发票记账联。

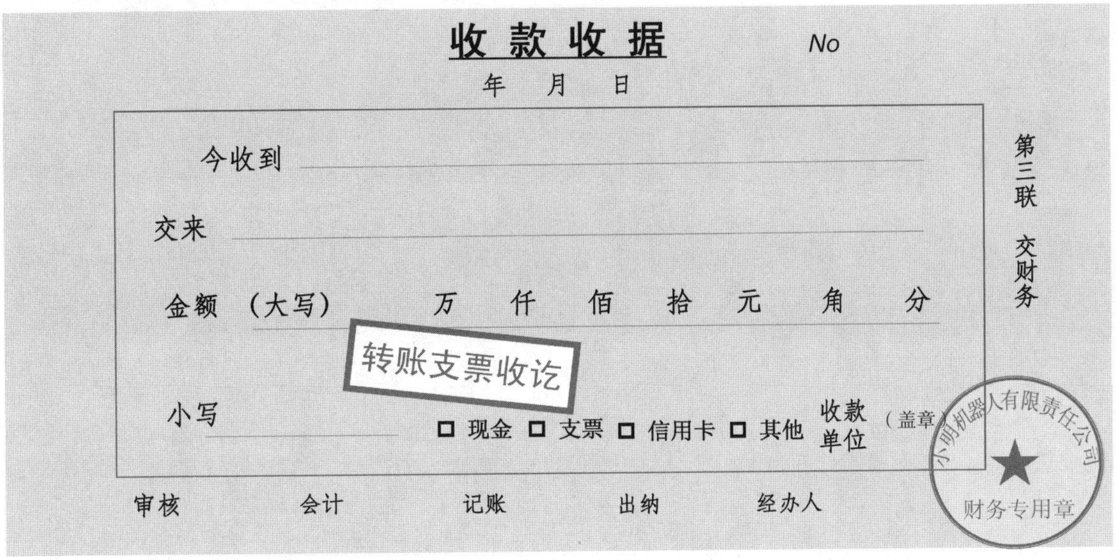

收款收据　No

年　月　日

今收到

交来

金额（大写）　万　仟　佰　拾　元　角　分

转账支票收讫

小写　□ 现金 □ 支票 □ 信用卡 □ 其他　收款单位（盖章）

小明机器人有限责任公司 财务专用章

审核　会计　记账　出纳　经办人

第三联 交财务

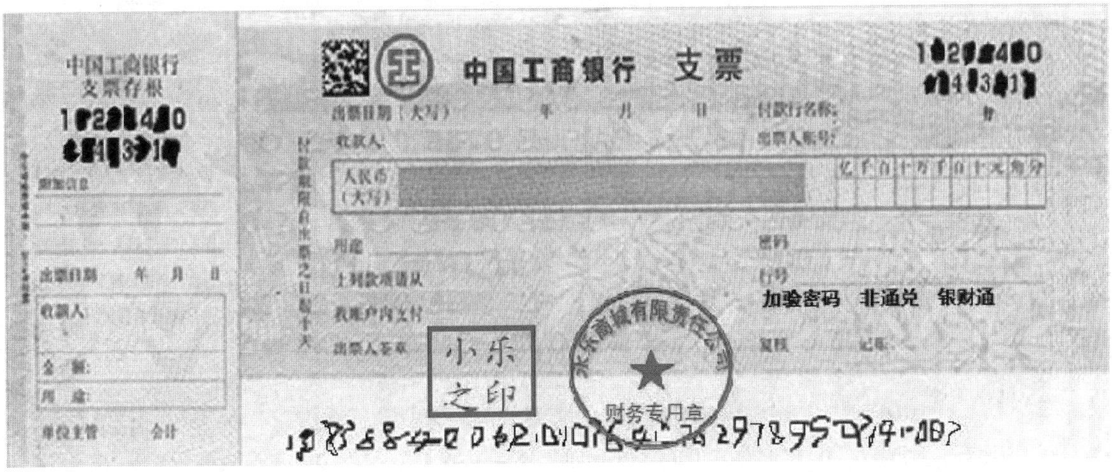

中国工商银行 支票存根

1[redacted]

附加信息

出票日期　年　月　日

收款人：

金　额：

用　途：

单位主管　会计

中国工商银行　支票　1[redacted]

付款期限自出票之日起十天

出票日期（大写）　年　月　日　付款行名称：

收款人：　出票人账号：

人民币（大写）　亿 千 百 十 万 千 百 十 元 角 分

用途　密码

上列款项请从　行号

我账户内支付　加验密码　非通兑　银财通

出票人签章　复核　记账

小乐之印

乐乐商城有限责任公司 财务专用章

ICBC 中国工商银行 进账单（收账通知）3

年 月 日

出票人	全 称		收款人	全 称	
	账 号			账 号	
	开户银行			开户银行	

金额	人民币（大写）	千	百	十	万	千	百	十	元	角	分

票据种类		票据张数		
票据号码				
复核	记账			开户银行盖章

此联是收款人开户银行交给收款人的收账通知

全国统一发票监制章 北京市 国家税务总局监制

北京增值税专用发票 NO

记账联

开票日期：

购买方	名称： 纳税人识别号： 地址、电话： 开户行及账号：		密码区				
货物或应税劳务、服务名称	规格型号	单位	数量	单价	金额	税率	税额
价税合计（大写）					（小写）		
销售方	名称： 纳税人识别号： 地址、电话： 开户行及账号：		备注		校验码		

收款人： 复核： 开票人： 销售方：（章）

小明机器人有限责任公司 财务专用章

第一联：记账联 销货方记账凭证

2. 记账凭证

收款凭证

借方科目：银行存款　　　　年　月　日　　　　银收字第　号

摘　要	贷方科目		金　　额											记账
	总账科目	明细科目	亿	千	百	十	万	千	百	十	元	角	分	√
合　计														

财务主管：　　记账：　　出纳：　　审核：　　制单：　　附件　张

第 15 笔业务：结转已售产品成本

1. 原始凭证

（1）提货单。

（2）产品销售成本计算表。

提货单

提货单位：　　　　运输方式：

发票尾号：　　　　年　月　日　　　　仓库：

产品名称	产品编号	规格	单位	数量	单位	金额	备注
合计							

销售部门负责人：　　发货人：　　提贷人：　　制单：

产品销售成本计算表

年　　月　　日　　　　　　　　　　金额单位：元

产品名称	数量	单价	金额
合计			

会计主管：　　　　　　　　审核：　　　　　　　　制单：

2. 记账凭证

转账凭证

年　　月　　日　　　　　　　　　　转字第　　号

摘　要	会 计 科 目		√	借方金额										√	贷方金额									
	总账科目	明细科目		千	百	十	万	千	百	十	元	角	分		千	百	十	万	千	百	十	元	角	分
合　计																								

财务主管：　　　　记账：　　　　审核：　　　　制单：　　　　附件　　张

第 16 笔业务：出差报销

1. 原始凭证

（1）收款收据。

（2）上海增值税专用发票联。

（3）机票。

（4）差旅费报销单。

（5）原始凭证粘贴单。

收 款 收 据　　　　No

年　　月　　日

今收到

交来

金额（大写）　　万　仟　佰　拾　元　角　分

现金收讫

小写　　□ 现金　□ 支票　□ 信用卡　□ 其他　　收款单位（盖章）

小明机器人有限责任公司 财务专用章

审核　　会计　　记账　　出纳　　经办人

第三联 交财务

上海增值税专用发票

全国统一发票监制章 上海 国家税务总局监制

发票联

No

开票日期：

购买方	名称： 纳税人识别号： 地址、电话： 开户行及账号：			密码区			
货物或应税劳务、服务名称	规格型号	单位	数量	单价	金额	税率	税额
价税合计（大写）	（小写）¥						
销售方	名称： 纳税人识别号： 地址、电话： 开户行及账号：			备注			

收款人：　　复核：　　开票人：　　销售方：

校验码

上海丽普绿海商务酒店 135×79864210098 00E 发票专用章

第三联：发票联：购买方记账凭证

航空运输电子客票行程单

ITINERARY/RECEIPT OF E-TICKET FOR AIR TRANSPORT

印刷序号: SERIAL NUMBER:

旅客姓名 NAME OF PASSENGER 张明		有效身份证件号码 ID.NO. 11012519 x 40424 x 56 x			签注 ENDORSEMENTS/RESTRICTIONS CARBON				
MT5NGC	承运人 CARRIER	航班号 FLIGHT	座位等级 CLASS	日期 DATE	时间 DATE	客票等级/客票类别 ARE BASIS	客票生效日期 NOT VALID BEFORM	有效截止日期 NOT VALID DATER	免费行李 ALLOW
自FROM 北京 至TO 上海 至TO 北京	国航								
至TO	票价 FARE CNY2360.00	民航发展基金 CIVILAVATONDVELEPMENTFUND 100.00YQ			燃油附加费 FUELSURCHARGE	其他税费 OTHER TAXES		合计 TOTAL CNY 2460.00	
电子客票号 E-TICKET NO.		验证码 CK.		提示信息 INFORMATION				保险费 INSURANCE	
销售单位代号 AGENT CODE		填开单位 ISSUED BY		国航股份自助打印			填开日期 DATE OF ISSUE		

付款凭证 手写无效

全国统一发票监制章 国家税务总局监制

中国民航电子 发票专用章

差旅费报销单

年　月　日　　编号

出差人姓名：　职务：　事由：　出差起止日期：　共计　天

出发				到达				人数	交通		住宿		金额	交通补贴		金额	餐费补贴		金额	其他	金额合计
月	日	时	地点	月	日	时	地点		工具	金额	标准	天数		标准	天数		标准	天数			
合计：人民币（大写）　万　仟　佰　拾　元　角　分　¥______																					
预借金额 ¥______　退/补金额 ¥______　□支付宝　□微信　□银行卡　□现金																					

单据　张

部门主管：　财力主管：　会计：　出纳：　领款人：　报销人：

原始凭证粘贴单

年　　月　　日

粘贴原始凭证说明： 1. 从左到右，先小张后大张 2. 大小金额相等的粘贴在一起 3. 单张薄纸只粘贴左方的表头 4. 本说明部分可被粘贴覆盖	单据类型	张数	金额
	合计		

部门主管		会计主管			
出纳		经手人		领款人	

2. 记账凭证

收款凭证

借方科目：库存现金　　　　年　月　日　　　　现收字第　号

摘　要	贷方科目		金　额											记账
	总账科目	明细科目	亿	千	百	十	万	千	百	十	元	角	分	√
合　计														

财务主管：　　记账：　　出纳：　　审核：　　制单：　　附件　张

转账凭证

年　月　日　　　　　　　　　　转字第　号

摘要	会计科目		√	借方金额										√	贷方金额									
	总账科目	明细科目		千	百	十	万	千	百	十	元	角	分		千	百	十	万	千	百	十	元	角	分
合计																								

财务主管：　　　记账：　　　审核：　　　制单：　　　附件　张

第 17 笔业务：付工资

1. 原始凭证

（1）转账支票。

（2）员工花名册（略）。

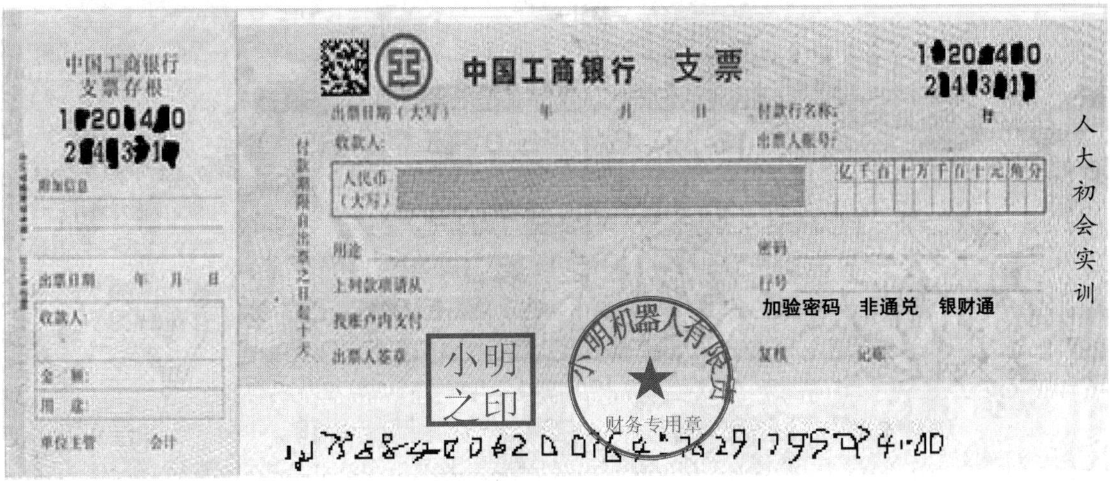
中国工商银行
支票存根
1[redacted]20[redacted]4[redacted]0
2[redacted]4[redacted]3[redacted]1[redacted]
附加信息
出票日期　年　月　日
收款人：
金额：
用途：
单位主管　会计

中国工商银行　支票　1[redacted]20[redacted]4[redacted]0 2[redacted]4[redacted]3[redacted]1[redacted]
出票日期（大写）　年　月　日　付款行名称：
收款人：　出票人账号：
付款期限自出票之日起十天
人民币（大写）　亿 千 百 十 万 千 百 十 元 角 分
用途　密码
上列款项请从　行号
我账户内支付
出票人签章　复核　记账
加验密码　非通兑　银财通
小明之印
小明机器人有限公司 财务专用章
人大初会实训

2. 记账凭证

付款凭证

借方科目：银行存款　　　　年　月　日　　　　银收字第　号

摘要	借方科目		金额											记账
	总账科目	明细科目	亿	千	百	十	万	千	百	十	元	角	分	√
合计														

财务主管：　记账：　出纳：　审核：　制单：　附件　张

第18笔业务：计提利息

1. 原始凭证

（1）借款合同（略）。

（2）利息计算单。

利息计算表

币种：　　　　年　月　日　　　　金额单位：元

开户行：			账号：		
计息项目	起息日	结息日	本金	利率	利息
合计（大写）	佰　拾　万　仟　佰　拾　元　角　分				

会计主管：　审核：　制单：

2. 记账凭证

转账凭证

年　　月　　日　　　　　　　　　　　　　　　　转字第　　号

摘　要	会计科目		√	借方金额										√	贷方金额									
	总账科目	明细科目		千	百	十	万	千	百	十	元	角	分		千	百	十	万	千	百	十	元	角	分
合　计																								

财务主管:　　　　记账:　　　　审核:　　　　制单:　　　　附件　　张

第19笔业务：计算所得税

1. 原始凭证

中华人民共和国企业所得税年度纳税申报表（A类）（实训简化）

税款所属时间：　　年　月　日至　年　月　日

纳税人识别号：　　　　　　　　　　纳税人名称：

金额单位：人民币（列至角分）

谨申明：此纳税申报表是根据《中华人民共和国企业所得税法》、《中国人民共和国企业所得税法实施条例》、有关税收政策以及国家统一会计制度的规定填报的，是真实的、可靠的、完整的。

法定代表人（签章）：　年　月　日

行次	类别	项目	金额
1	利润总额计算	一、营业收入	
2		减：营业成本	
3		税金及附加	
4		销售费用	
5		管理费用	
6		财务费用	
7		二、营业利润	
8		加：营业外收入	
9		减：营业外支出	
10		三、利润总额	
11	应纳税所得额计算	加：纳税调整增加	
12		减：纳税调整减少	
13		四、纳税调整后所得	
14		减：所得减免	
15		减：弥补以前年度亏损	
16		五、应纳税所得额	
17		税率（15%）	
18		六、实际应纳税所得额（16×17）	

2. 记账凭证

转账凭证

年　月　日　　　　转字第　号

摘要	会计科目		√	借方金额										√	贷方金额									
	总账科目	明细科目		千	百	十	万	千	百	十	元	角	分		千	百	十	万	千	百	十	元	角	分
合计																								

财务主管：　　记账：　　审核：　　制单：　　附件　张

第 20 笔业务：缴纳增值税

1. 原始凭证

（1）增值税进（销）项税额汇总表。

（2）增值税专用发票（抵扣联）封面。

（3）增值税专用发票抵扣联（共有 6 张）。

（4）增值税及附加税费纳税申报表。

（5）中国工商银行电子缴税付款凭证。

（6）中华人民共和国税收完税证明。

增值税进（销）项税额汇总表

年　月　日　　　　金额单位：元

项目	借方	贷方
进项税额		
销项税额		
合计		

会计主管：　　审核：　　制单：

增值税专用发票（抵扣联）封面

日期	年　月　日至　年　月　日		
单位名称		汇总抵扣金额	
本月总数册		本册编号	
本册张数		验票人	
报送日期	年　月　日	经办人	

------ ✂ ------ ✂ ------

北京增值税专用发票

全国统一发票监制章 抵扣联 北京 国家税务总局监制

NO

开票日期：

购买方	名称： 纳税人识别号： 地址、电话： 开户行及账号：		密码区					
货物或应税劳务、服务名称		规格型号	单位	数量	单价	金额	税率	税额
价税合计（大写）					（小写）¥			
销售方	名称： 纳税人识别号： 地址、电话： 开户行及账号：		备注	校验码 5325D1467701215V03				

收款人：　复核：　开票人：　销售方：（章）

第二联：抵扣联　购买方抵扣凭证

加加电子芯片有限责任公司 发票专用章

北京增值税专用发票

全国统一发票监制章
抵扣联
国家税务总局监制

NO

开票日期：

购买方	名称： 纳税人识别号： 地址、电话： 开户行及账号：			密码区				
货物或应税劳务、服务名称		规格型号	单位	数量	单价	金额	税率	税额
价税合计（大写）					（小写）			
销售方	名称： 纳税人识别号： 地址、电话： 开户行及账号：			备注				

收款人：　　复核：　　开票人：　　销售方（章）

第二联：抵扣联　购买方抵扣凭证

电力有限责任公司
4325C34698701215V6
校验码
发票专用章

- -

北京增值税专用发票

全国统一发票监制章
抵扣联
国家税务总局监制

NO

开票日期：

购买方	名称： 纳税人识别号： 地址、电话： 开户行及账号：			密码区				
货物或应税劳务、服务名称		规格型号	单位	数量	单价	金额	税率	税额
价税合计（大写）					（小写）			
销售方	名称： 纳税人识别号： 地址、电话： 开户行及账号：			备注				

收款人：　　复核：　　开票人：　　销售方（章）

第二联：抵扣联　购买方抵扣凭证

远播广告有限责任公司
74923578L25C346987
校验码
发票专用章

北京增值税专用发票

抵扣联　　　　NO

开票日期：

购买方	名称： 纳税人识别号： 地址、电话： 开户行及账号：			密码区				
货物或应税劳务、服务名称		规格型号	单位	数量	单价	金额	税率	税额
价税合计（大写）					（小写）￥			
销售方	名称： 纳税人识别号： 地址、电话： 开户行及账号：			备注	校验码			

收款人：　　　　复核：　　　　开票人：　　　　销售方（章）

第二联：抵扣联　购买方抵扣凭证

全国统一发票监制章　北京　国家税务总局监制

晶晶电池有限责任公司　2145677702215AK021　发票专用章

北京增值税专用发票

抵扣联　　　　NO

开票日期：

购买方	名称： 纳税人识别号： 地址、电话： 开户行及账号：			密码区				
货物或应税劳务、服务名称		规格型号	单位	数量	单价	金额	税率	税额
价税合计（大写）					（小写）￥			
销售方	名称： 纳税人识别号： 地址、电话： 开户行及账号：			备注	校验码			

收款人：　　　　复核：　　　　开票人：　　　　销售方（章）

第二联：抵扣联　购买方抵扣凭证

全国统一发票监制章　北京　国家税务总局监制

高科设备有限责任公司　12345678902215AP02　发票专用章

上海增值税专用发票　NO

全国统一发票监制章
上海
抵扣联
国家税务总局监制

开票日期：

购买方	名称： 纳税人识别号： 地址、电话： 开户行及账号：		密码区				
货物或应税劳务、服务名称	规格型号	单位	数量	单价	金额	税率	税额
价税合计（大写）					（小写）¥		
销售方	名称： 纳税人识别号： 地址、电话： 开户行及账号：		备注	校验码			

收款人：　　复核：　　开票人：　　销售方：（章）

第二联：抵扣联　购买方抵扣凭证

上海丽普绿海商务酒店
135×79864210098
发票专用章

附件 1

增值税及附加税费申报表

（一般纳税人适用）

根据国家税收法律法规及增值税相关规定制定本表。纳税人不论有无销售额，均应按税务机关核定的纳税期限填写本表，并向当地税务机关申报。

税款所属时间：自　年　月　日至　年　月　日　　　　填表日期：　年　月　日

金额单位：元（列至角分）

纳税人识别号（统一社会信用代码）：□□□□□□□□□□□□□□□□□□□□

所属行业：

纳税人名称		法定代表人姓名		注册地址		生产经营地址	
开户银行及账号				登记注册类型		电话号码	

项目		栏次	一般项目		即征即退项目	
			本月数	本年累计	本月数	本年累计
销售额	（一）按适用税率计税销售额	1				
	其中：应税货物销售额	2				
	应税劳务销售额	3				
	纳税检查调整的销售额	4				
	（二）按简易办法计税销售额	5				
	其中：纳税检查调整的销售额	6				
	（三）免、抵、退办法出口销售额	7			—	—
	（四）免税销售额	8			—	—
	其中：免税货物销售额	9			—	—
	免税劳务销售额	10			—	—
税款计算	销项税额	11				
	进项税额	12				
	上期留抵税额	13				—
	进项税额转出	14				
	免、抵、退应退税额	15			—	—
	按适用税率计算的纳税检查应补缴税额	16			—	—
	应抵扣税额合计	17＝12＋13－14－15＋16		—		—
	实际抵扣税额	18（如 17＜11，则为 17，否则为 11）				
	应纳税额	19＝11－18				

税款计算	期末留抵税额	20＝17－18				—
	简易计税办法计算的应纳税额	21				
	按简易计税办法计算的纳税检查应补缴税额	22			—	—
	应纳税额减征额	23				
	应纳税额合计	24＝19＋21－23				
税款缴纳	期初未缴税额（多缴为负数）	25				
	实收出口开具专用缴款书退税额	26			—	—
	本期已缴税额	27＝28＋29＋30＋31				
	①分次预缴税额	28		—		—
	②出口开具专用缴款书预缴税额	29		—	—	—
	③本期缴纳上期应纳税额	30				
	④本期缴纳欠缴税额	31				
	期末未缴税额（多缴为负数）	32＝24＋25＋26－27				
	其中：欠缴税额（≥0）	33＝25＋26－27		—		—
	本期应补（退）税额	34＝24－28－29		—		—
	即征即退实际退税额	35	—	—		
	期初未缴查补税额	36			—	—
	本期入库查补税额	37			—	—
	期末未缴查补税额	38＝16＋22＋36－37			—	—
附加税费	城市维护建设税本期应补（退）税额	39			—	—
	教育费附加本期应补（退）费额	40			—	—
	地方教育附加本期应补（退）费额	41			—	—

声明：此表是根据国家税收法律法规及相关规定填写的，本人（单位）对填报内容（及附带资料）的真实性、可靠性、完整性负责。

纳税人（签章）：　　　　年　　月　　日

经办人： 经办人身份证号： 代理机构签章： 代理机构统一社会信用代码：	受理人： 受理税务机关（章）： 受理日期：　　年　月　日

中国工商银行电子缴税付款凭证

ICBC 中国工商银行

凭证

缴税日期　　年　月　日　　凭证字号：

纳税人全称及纳税人识别号：

付款人全称：

付款人账号：　　征收机关名称：　北京市海淀区国家税务局

付款人开户银行：　　征收国库（银行）名称：　国家金库北京市海淀区支库

小写（合计）金额：　　缴款书交易流水号：

大写（合计）金额：　　税票号码：

税费名称	所属日期	实缴金额（单位：元）
增值税		

国税已开具售付汇证明

中国工商银行股份有限 北京紫竹院支行 业务专用章 0X82G75X801X

第1次打印　　打印时间　：

客户回单联　　验证码　　复核：　　记账：

中 华 人 民 共 和 国

税 收 完 税 证 明

国家税务局 税收票证监制章

国

（151）京国证00030201

填发日期：　年　月　日　　税务机关：北京市海淀区国家税务局第一税务所

纳税人识别号			纳税人名称		
原凭证号	税种	品目名称	税款所属时间	入（退）库日期	实缴（退）金额
金额合计	（大写）				
税务机关（盖章） 北京市海淀区国家税务局 征税专用章	填票人		备注		

第一联（收据）交纳税人作完税证明

妥善保管、手写无效

2. 记账凭证

付款凭证

借方科目：银行存款　　　　年　月　日　　　　银收字第　号

摘要	借方科目		金额											记账
	总账科目	明细科目	亿	千	百	十	万	千	百	十	元	角	分	√
合计														

财务主管：　　记账：　　出纳：　　审核：　　制单：　　附件　张

第21笔业务：结转收入、成本和费用

1. 原始凭证

损益类账户发生额汇总表

年　月　日　　　　金额单位：元

项目	借方	贷方
主营业务收入		
主管业务成本		
销售费用		
管理费用		
财务费用		
所得税费用		
合计		

会计主管：　　审核：　　制单：

2. 记账凭证

转账凭证

年　　月　　日　　　　　　　　转字第　　号

摘要	会计科目		√	借方金额										√	贷方金额									
	总账科目	明细科目		千	百	十	万	千	百	十	元	角	分		千	百	十	万	千	百	十	元	角	分
合计																								

财务主管：　　　　记账：　　　　审核：　　　　制单：　　　　附件　　张

转账凭证

年　　月　　日　　　　　　　　转字第　　号

摘要	会计科目		√	借方金额										√	贷方金额									
	总账科目	明细科目		千	百	十	万	千	百	十	元	角	分		千	百	十	万	千	百	十	元	角	分
合计																								

财务主管：　　　　记账：　　　　审核：　　　　制单：　　　　附件　　张

转账凭证

年　月　日　　　　　　　　转字第　号

摘　要	会计科目		√	借方金额										√	贷方金额									
	总账科目	明细科目		千	百	十	万	千	百	十	元	角	分		千	百	十	万	千	百	十	元	角	分
合　计																								

财务主管：　　记账：　　审核：　　制单：　　附件　张

第22笔业务：提取盈余公积

1. 原始凭证

（1）会议决议（略）。

（2）利润分配计算表。

利润分配计算表

年　月　日　　　　　　金额单位：元

项　目	当年税后利润	计提比例	金额	备注

会计主管：　　复核：　　制单：

2. 记账凭证

转账凭证

年 月 日　　　　转字第 号

摘要	会计科目		√	借方金额										√	贷方金额									
	总账科目	明细科目		千	百	十	万	千	百	十	元	角	分		千	百	十	万	千	百	十	元	角	分
合计																								

财务主管：　　记账：　　审核：　　制单：　　附件 张

第23笔业务：结转利润分配明细账

1. 原始凭证

利润分配明细账汇总表

年 月 日　　　　金额单位：元

项目	借方	贷方
未分配利润		
提取法定盈余公积		
提取任意盈余公积		
合计		

会计主管：　　审核：　　制单：

2. 记账凭证

转账凭证

年　　月　　日　　　　　　　　　　　　转字第　　号

摘要	会计科目		√	借方金额										√	贷方金额									
	总账科目	明细科目		千	百	十	万	千	百	十	元	角	分		千	百	十	万	千	百	十	元	角	分
合计																								

财务主管:　　　　记账:　　　　审核:　　　　制单:　　　　附件　　张

3. 会计凭证封面

全部凭证填制完成后，请加封面装订成册。

会计凭证封面

册	本月共　　册
号	第　　册
数	本册共　　份

自　　年　　月　　日起至　　月　　日　　止

记账凭证种类		凭证起讫号数	附原始凭证张数
收款凭证	银收	共　　张　自第　　号至第　　号	
	现收	共　　张　自第　　号至第　　号	
付款凭证	银收	共　　张　自第　　号至第　　号	
	现收	共　　张　自第　　号至第　　号	
转账凭证		共　　张　自第　　号至第　　号	
备注			

会计主管:　　　　复核:　　　　装订号:　　　　20　　年　　月　　日

模拟实训 2　登记总分类账和明细分类账

要求：

根据记账凭证登记总分类账和明细分类账。

（1）总分类账 24 个，其中，库存现金和银行存款不登记总分类账，在模拟实训 3 中登记日记账。（实务中，库存现金和银行存款需要登记总分类账，以便与日记账进行核对。）

总分类账

科目名称：

年		凭证编号	摘要	借方										贷方										借或贷	余额									
月	日			千	百	十	万	千	百	十	元	角	分	千	百	十	万	千	百	十	元	角	分		千	百	十	万	千	百	十	元	角	分

总分类账

科目名称：

年		凭证编号	摘要	借方										贷方										借或贷	余额									
月	日			千	百	十	万	千	百	十	元	角	分	千	百	十	万	千	百	十	元	角	分		千	百	十	万	千	百	十	元	角	分

总分类账

科目名称:

年		凭证编号	摘要	借方										贷方										借或贷	余额									
月	日			千	百	十	万	千	百	十	元	角	分	千	百	十	万	千	百	十	元	角	分		千	百	十	万	千	百	十	元	角	分

总分类账

科目名称:

年		凭证编号	摘要	借方										贷方										借或贷	余额									
月	日			千	百	十	万	千	百	十	元	角	分	千	百	十	万	千	百	十	元	角	分		千	百	十	万	千	百	十	元	角	分

总分类账

科目名称：

年		凭证编号	摘要	借方										贷方										借或贷	余额									
月	日			千	百	十	万	千	百	十	元	角	分	千	百	十	万	千	百	十	元	角	分		千	百	十	万	千	百	十	元	角	分

总分类账

科目名称：

年		凭证编号	摘要	借方										贷方										借或贷	余额									
月	日			千	百	十	万	千	百	十	元	角	分	千	百	十	万	千	百	十	元	角	分		千	百	十	万	千	百	十	元	角	分

总分类账

科目名称:

年		凭证编号	摘要	借方										贷方										借或贷	余额									
月	日			千	百	十	万	千	百	十	元	角	分	千	百	十	万	千	百	十	元	角	分		千	百	十	万	千	百	十	元	角	分

总分类账

科目名称:

年		凭证编号	摘要	借方										贷方										借或贷	余额									
月	日			千	百	十	万	千	百	十	元	角	分	千	百	十	万	千	百	十	元	角	分		千	百	十	万	千	百	十	元	角	分

总分类账

科目名称：

年		凭证	摘要	借方										贷方										借或贷	余额									
月	日	编号		千	百	十	万	千	百	十	元	角	分	千	百	十	万	千	百	十	元	角	分		千	百	十	万	千	百	十	元	角	分

总分类账

科目名称：

年		凭证	摘要	借方										贷方										借或贷	余额									
月	日	编号		千	百	十	万	千	百	十	元	角	分	千	百	十	万	千	百	十	元	角	分		千	百	十	万	千	百	十	元	角	分

总分类账

科目名称:

年		凭证编号	摘要	借方										贷方										借或贷	余额									
月	日			千	百	十	万	千	百	十	元	角	分	千	百	十	万	千	百	十	元	角	分		千	百	十	万	千	百	十	元	角	分

总分类账

科目名称:

年		凭证编号	摘要	借方										贷方										借或贷	余额									
月	日			千	百	十	万	千	百	十	元	角	分	千	百	十	万	千	百	十	元	角	分		千	百	十	万	千	百	十	元	角	分

总分类账

科目名称：

年		凭证编号	摘要	借方										贷方										借或贷	余额									
月	日			千	百	十	万	千	百	十	元	角	分	千	百	十	万	千	百	十	元	角	分		千	百	十	万	千	百	十	元	角	分

总分类账

科目名称：

年		凭证编号	摘要	借方										贷方										借或贷	余额									
月	日			千	百	十	万	千	百	十	元	角	分	千	百	十	万	千	百	十	元	角	分		千	百	十	万	千	百	十	元	角	分

总分类账

科目名称：

年		凭证编号	摘要	借方										贷方										借或贷	余额									
月	日			千	百	十	万	千	百	十	元	角	分	千	百	十	万	千	百	十	元	角	分		千	百	十	万	千	百	十	元	角	分

总分类账

科目名称：

年		凭证编号	摘要	借方										贷方										借或贷	余额									
月	日			千	百	十	万	千	百	十	元	角	分	千	百	十	万	千	百	十	元	角	分		千	百	十	万	千	百	十	元	角	分

总分类账

科目名称：

年		凭证编号	摘要	借方										贷方										借或贷	余额									
月	日			千	百	十	万	千	百	十	元	角	分	千	百	十	万	千	百	十	元	角	分		千	百	十	万	千	百	十	元	角	分

总分类账

科目名称：

年		凭证编号	摘要	借方										贷方										借或贷	余额									
月	日			千	百	十	万	千	百	十	元	角	分	千	百	十	万	千	百	十	元	角	分		千	百	十	万	千	百	十	元	角	分

总分类账

科目名称:

年		凭证编号	摘要	借方										贷方										借或贷	余额									
月	日			千	百	十	万	千	百	十	元	角	分	千	百	十	万	千	百	十	元	角	分		千	百	十	万	千	百	十	元	角	分

总分类账

科目名称:

年		凭证编号	摘要	借方										贷方										借或贷	余额									
月	日			千	百	十	万	千	百	十	元	角	分	千	百	十	万	千	百	十	元	角	分		千	百	十	万	千	百	十	元	角	分

总分类账

科目名称：

年		凭证编号	摘要	借方										贷方										借或贷	余额									
月	日			千	百	十	万	千	百	十	元	角	分	千	百	十	万	千	百	十	元	角	分		千	百	十	万	千	百	十	元	角	分

总分类账

科目名称：

年		凭证编号	摘要	借方										贷方										借或贷	余额									
月	日			千	百	十	万	千	百	十	元	角	分	千	百	十	万	千	百	十	元	角	分		千	百	十	万	千	百	十	元	角	分

（2）普通明细账 10 个。

活页 明细账

年		凭证编号	摘要	借方										贷方										借或贷	余额									
月	日			千	百	十	万	千	百	十	元	角	分	千	百	十	万	千	百	十	元	角	分		千	百	十	万	千	百	十	元	角	分

活页 明细账

年		凭证编号	摘要	借方										贷方										借或贷	余额									
月	日			千	百	十	万	千	百	十	元	角	分	千	百	十	万	千	百	十	元	角	分		千	百	十	万	千	百	十	元	角	分

活页 ______ **明细账**

年		凭证编号	摘要	借方										贷方										借或贷	余额									
月	日			千	百	十	万	千	百	十	元	角	分	千	百	十	万	千	百	十	元	角	分		千	百	十	万	千	百	十	元	角	分

活页 ______ **明细账**

年		凭证编号	摘要	借方										贷方										借或贷	余额									
月	日			千	百	十	万	千	百	十	元	角	分	千	百	十	万	千	百	十	元	角	分		千	百	十	万	千	百	十	元	角	分

活页

明细账

年		凭证编号	摘要	借方										贷方										借或贷	余额									
月	日			千	百	十	万	千	百	十	元	角	分	千	百	十	万	千	百	十	元	角	分		千	百	十	万	千	百	十	元	角	分

活页

明细账

年		凭证编号	摘要	借方										贷方										借或贷	余额									
月	日			千	百	十	万	千	百	十	元	角	分	千	百	十	万	千	百	十	元	角	分		千	百	十	万	千	百	十	元	角	分

活页

明细账

年		凭证编号	摘要	借方										贷方										借或贷	余额									
月	日			千	百	十	万	千	百	十	元	角	分	千	百	十	万	千	百	十	元	角	分		千	百	十	万	千	百	十	元	角	分

活页

明细账

年		凭证编号	摘要	借方										贷方										借或贷	余额									
月	日			千	百	十	万	千	百	十	元	角	分	千	百	十	万	千	百	十	元	角	分		千	百	十	万	千	百	十	元	角	分

活页

明细账

年		凭证编号	摘要	借方										贷方										借或贷	余额									
月	日			千	百	十	万	千	百	十	元	角	分	千	百	十	万	千	百	十	元	角	分		千	百	十	万	千	百	十	元	角	分

活页

明细账

年		凭证编号	摘要	借方										贷方										借或贷	余额									
月	日			千	百	十	万	千	百	十	元	角	分	千	百	十	万	千	百	十	元	角	分		千	百	十	万	千	百	十	元	角	分

（3）数量金额式明细账 4 个。

明细账

编号 ____________ 规格 ____________ 品名 ____________ 单位 ____________ 存放地点 ____________

年		凭证编号	摘要	借方												贷方												余额											
月	日			数量	单价	千	百	十	万	千	百	十	元	角	分	数量	单价	千	百	十	万	千	百	十	元	角	分	数量	单价	千	百	十	万	千	百	十	元	角	分

明细账

编号 ____________ 规格 ____________ 品名 ____________ 单位 ____________ 存放地点 ____________

年		凭证编号	摘要	借方												贷方												余额											
月	日			数量	单价	千	百	十	万	千	百	十	元	角	分	数量	单价	千	百	十	万	千	百	十	元	角	分	数量	单价	千	百	十	万	千	百	十	元	角	分

明细账

编号 ______________ 规格 ______________ 品名 ______________ 单位 ______________ 存放地点 ______________

年		凭证编号	摘要	借方												贷方												余额											
月	日			数量	单价	千	百	十	万	千	百	十	元	角	分	数量	单价	千	百	十	万	千	百	十	元	角	分	数量	单价	千	百	十	万	千	百	十	元	角	分

明细账

编号 ______________ 规格 ______________ 品名 ______________ 单位 ______________ 存放地点 ______________

年		凭证编号	摘要	借方												贷方												余额											
月	日			数量	单价	千	百	十	万	千	百	十	元	角	分	数量	单价	千	百	十	万	千	百	十	元	角	分	数量	单价	千	百	十	万	千	百	十	元	角	分

（4）多栏式明细账 4 个。

管理费用明细账

年		凭证编号	摘　要	对方科目	合计										电费										工资费用										差旅费									
月	日				千	百	十	万	千	百	十	元	角	分	千	百	十	万	千	百	十	元	角	分	千	百	十	万	千	百	十	元	角	分	千	百	十	万	千	百	十	元	角	分

制造费用明细账

年		凭证编号	摘　要	对方科目	合计										电费										工资费用										折旧费									
月	日				千	百	十	万	千	百	十	元	角	分	千	百	十	万	千	百	十	元	角	分	千	百	十	万	千	百	十	元	角	分	千	百	十	万	千	百	十	元	角	分

生产成本明细账

产品名称：

年		凭证编号	摘要	对方科目	直接材料										直接人工										制造费用										合计									
月	日				千	百	十	万	千	百	十	元	角	分	千	百	十	万	千	百	十	元	角	分	千	百	十	万	千	百	十	元	角	分	千	百	十	万	千	百	十	元	角	分

生产成本明细账

产品名称：

年		凭证编号	摘要	对方科目	直接材料										直接人工										制造费用										合计									
月	日				千	百	十	万	千	百	十	元	角	分	千	百	十	万	千	百	十	元	角	分	千	百	十	万	千	百	十	元	角	分	千	百	十	万	千	百	十	元	角	分

（5）应交增值税明细账 1 个。

应交税费——应交增值税　　　　明细账

年		凭证编号	摘要	借方专栏																		贷方专栏																	
月	日			进项税额									已交税金									销项税额									进项税额转出								
				百	十	万	千	百	十	元	角	分	百	十	万	千	百	十	元	角	分	百	十	万	千	百	十	元	角	分	百	十	万	千	百	十	元	角	分

模拟实训3　登记日记账

要求：

根据记账凭证登记现金日记账和银行存款日记账。

库存现金日记账

年		凭证	结算方式		摘要	借方										√	贷方										√	余额									
月	日	编号	类	号码		千	百	十	万	千	百	十	元	角	分		千	百	十	万	千	百	十	元	角	分		千	百	十	万	千	百	十	元	角	分
					承前页																																

银行存款日记账

年		凭证	结算方式		摘要	借方										√	贷方										√	余额									
月	日	编号	类	号码		千	百	十	万	千	百	十	元	角	分		千	百	十	万	千	百	十	元	角	分		千	百	十	万	千	百	十	元	角	分
					承前页																																

模拟实训 4　编制试算平衡表

要求：

根据总分类账户编制三栏式试算平衡表。

试算平衡表

2024 年 12 月 31 日　　　　金额单位：元

会计科目	期初余额		本期发生额		期末余额	
	借方	贷方	借方	贷方	借方	贷方
库存现金						
银行存款						
其他应收款						
原材料						
生产成本						
制造费用						
库存商品						
固定资产						
累计折旧						
短期借款						
应付账款						
应交税费						
应付职工薪酬						
应付利息						
实收资本						
盈余公积						
利润分配						
主营业务收入						
主营业务成本						
本年利润						
销售费用						
管理费用						
财务费用						
所得税费用						
合计						

模拟实训5 编制财务会计报表

要求：

1. 根据试算平衡表中的收入、费用类账户本期发生额合计数编制利润表。

利 润 表

2024年12月

编制单位：小明机器人有限责任公司　　　　　　　　　　　　　　　　　金额单位：元

项目	本期金额	上期金额
一、营业收入		
减：营业成本		
税金及附加		
销售费用		
管理费用		
研发费用		
财务费用		
其中：利息费用		
利息收入		
加：其他收益		
投资收益		
其中：对联营企业和合营企业投资的收益		
净敞口套期收益（损失以“—”号填列）		
公允价值变动收益（损失以“—”号填列）		
资产减值损失（损失以“—”号填列）		
信用减值损失（损失以“—”号填列）		
资产处置收益（损失以“—”号填列）		
二、营业利润（亏损以“—”号填列）		
加：营业外收入		
减：营业外支出		
三、利润总额（亏损总额以“—”号填列）		
减：所得税费用		
四、净利润（净亏损以“—”号填列）		
（一）持续经营净利润（净亏损以“—”号填列）		
（二）终止经营净利润（净亏损以“—”号填列）		
五、其他综合收益的税后净额		
（一）不能重分类进损益的其他综合收益		
（二）将重分类进损益的其他综合收益		
六、综合收益总额		
七、每股收益：		
（一）基本每股收益		
（二）稀释每股收益		

企业负责人：小明之印　　主管会计工作负责人：　　会计机构负责人：

2. 根据试算平衡表中的资产、负债、所有者权益的期末余额编制资产负债表。

资产负债表

2024 年 12 月 31 日

编制单位：小明机器人有限责任公司　　　　金额单位：元

资产	期末余额	年初余额	负债和所有者权益（或股东权益）	期末余额	年初余额
流动资产：			流动负债：		
货币资金			短期借款		
交易性金融资产			交易性金融负债		
衍生金融资产			衍生金融负债		
应收票据			应付票据		
应收账款			应付账款		
预付款项			预收款项		
其他应收款			合同负债		
存货			应付职工薪酬		
合同资产			应交税费		
持有待售资产			其他应付款		
一年内到期的非流动资产			持有待售负债		
其他流动资产			一年内到期的非流动负债		
流动资产合计			其他流动负债		
非流动资产：			流动负债合计		
债权投资			非流动负债：		
其他债权投资			长期借款		
长期应收款			应付债券		
长期股权投资			其中：优先股		
其他权益工具投资			永续债		
其他非流动金融资产			长期应付款		
投资性房地产			预计负债		
固定资产			递延收益		
在建工程			递延所得税负债		
生产性生物资产			其他非流动负债		
油气资产			非流动负债合计		
无形资产			负债合计		
开发支出			所有者权益（或股东权益）：		
商誉			实收资本（或股本）		
长期待摊费用			其他权益工具		
递延所得税资产			其中：优先股		
其他非流动资产			永续债		
非流动资产合计			资本公积		
			减：库存股		
			其他综合收益		
			盈余公积		
			未分配利润		
			所有者权益（或股东权益）合计		
资产总计			负债和所有者权益（或股东权益）总计		

企业负责人：小明之印　　主管会计工作负责人：　　会计机构负责人：

图书在版编目（CIP）数据

《基础会计（原初级会计学）（第12版·立体化数字教材版）》模拟实训 / 秦玉熙，袁蓉丽编著. -- 北京：中国人民大学出版社，2025. 4. --（中国人民大学会计系列教材）. -- ISBN 978-7-300-33862-0

Ⅰ. F230

中国国家版本馆 CIP 数据核字第 2025EA7877 号

中国人民大学会计系列教材
《基础会计（原初级会计学）（第12版·立体化数字教材版）》模拟实训
秦玉熙　袁蓉丽　编著
《Jichu Kuaiji（Yuan Chuji Kuaijixue）（Di 12 Ban • Litihua Shuzi Jiaocai Ban）》Moni Shixun

出版发行	中国人民大学出版社		
社　　址	北京中关村大街31号	邮政编码	100080
电　　话	010－62511242（总编室）		010－62511770（质管部）
	010－82501766（邮购部）		010－62514148（门市部）
	010－62511173（发行公司）		010－62515275（盗版举报）
网　　址	http://www.crup.com.cn		
经　　销	新华书店		
印　　刷	天津鑫丰华印务有限公司		
开　　本	787 mm×1092 mm　1/16	版　　次	2025年4月第1版
印　　张	10.75	印　　次	2025年4月第1次印刷
字　　数	100 000	定　　价	24.00元

中国人民大学出版社　管理分社

教师教学服务说明

中国人民大学出版社管理分社以出版工商管理和公共管理类精品图书为宗旨。为更好地服务一线教师，我们着力建设了一批数字化、立体化的网络教学资源。教师可以通过以下方式获得免费下载教学资源的权限：

★ 在中国人民大学出版社网站 www.crup.com.cn 进行注册，注册后进入“会员中心”，在左侧点击“我的教师认证”，填写相关信息，提交后等待审核。我们将在一个工作日内为您开通相关资源的下载权限。

★ 如您急需教学资源或需要其他帮助，请加入教师 QQ 群或在工作时间与我们联络。

中国人民大学出版社　管理分社

教师 QQ 群： 648333426（工商管理）　114970332（财会）　648117133（公共管理）
教师群仅限教师加入，入群请备注（学校+姓名）

联系电话： 010-62515735，62515987，62515782，82501048，62514760

电子邮箱： glcbfs@crup.com.cn

通讯地址： 北京市海淀区中关村大街甲 59 号文化大厦 1501 室（100872）

管理书社　　人大社财会　　公共管理与政治学悦读坊